AF449450

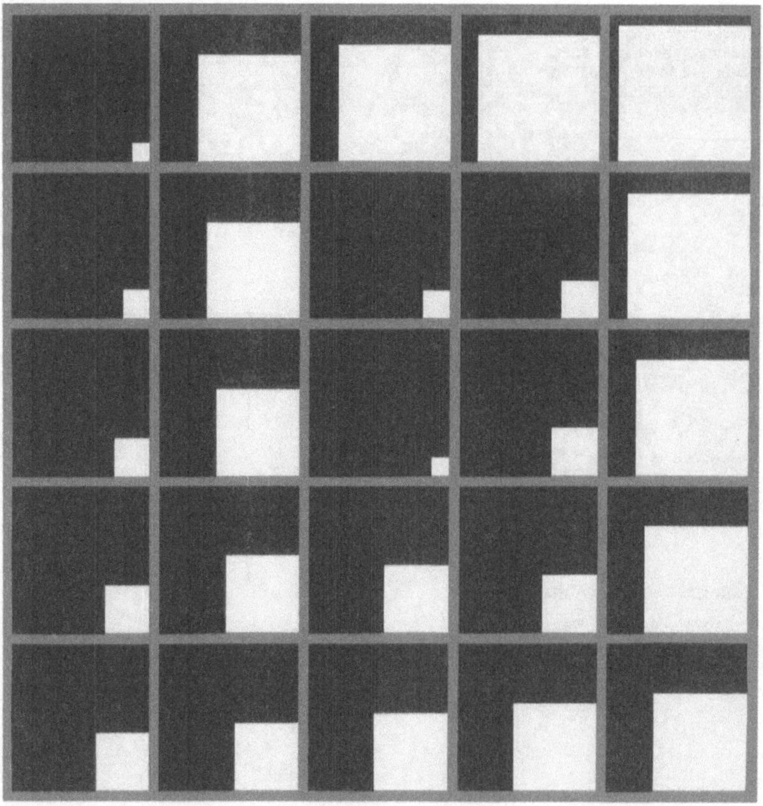

BUENOS AIRES POETRY

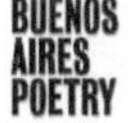

# Sociedad interior

—

# La inmanencia

PIPPA PASSES

Roberto García de Mesa

Roberto García de Mesa
*Sociedad interior – La inmanencia*
Buenos Aires Poetry, 2025
60 pp.; 13,34 cm. x 20,32 cm.
ISBN 9786316688071
Poesía España



Editorial ©Buenos Aires Poetry

Colección ©Pippa Passes

Diseño editorial ©Camila Evia

**BUENOS
AIRES
POETRY**

BUENOS AIRES POETRY

editorial@buenosairespoetry.com

www.editorialbuenosairespoetry.com

Imagen de portada: Enzo Mari

*Sociedad interior*

~

*La inmanencia*

*

Roberto García de Mesa

# *SOCIEDAD INTERIOR*

**Define**

Fue en otro lugar.
Pero nos encontramos.
Estar vivo es estar muerto.
Define la belleza.


**Sociedad interior**

Los ojos se transforman
cuando la idea encuentra su reflejo.
Y contra sí misma permanece.
La sociedad interior oprime
desde el primer verso final de la historia.

## Evolución

El peso del mundo

es historia natural.

No hay principio sin dolor.

Verás que

lo no dicho muerde,

la evolución muerde,

el paisaje muerde.


## Una forma

Tras los golpes te levantas.

Tienes tu guerra civil.

Las ideas brotan como ríos

que maldicen el océano.

Los restos pueden

convertir una forma en esperanza.

**Sin**

Todo palidece hasta la esencia.
Y mi refugio…
Sin embargo, la muerte sueña.


**Hay una**

Hay una luz.
Como un golpe.
Pero vence al cuerpo.
Lo hace temblar
porque te escucha.

**En la palma**

En la palma de mi mano, el recorrido.
¿Acaso puedo ser lo que fui:
un principio cierto innumerable?


**Una calle**

Una calle diminuta
que pone precio a la memoria.
Aquí disparan las fieras.
Nadie tiene miedo.
Que digan lo imposible
o lo insignificante.
Todos los días alguien está de luto.

**Vuelta**

Darme la vuelta.
Sentir la mirada.
Revolverme en el sueño.
¿Por qué esconder
el resultado?


**Cuerpos**

Cuerpos que se debilitan.
Así, el amor.
La droga en lo eterno y más.

## Distancia

Sobre mí mueres
al primer orgasmo.
Es un ritual.
Cargas
lo metafísico.
Cargas
sobre tu espalda
mi semilla y
el fin.


## Permanece

El mañana escupe lo que sientes.
Derriba los antiguos estilos.
Nace cuando reflexionas.
Impulsa, te hace fracasar.
Permanece lo ingobernable.
Porque sí, aquel mañana.

## Juventud

Lo de antes, lo de ahora.
Perseguir el cielo, ¿para qué?
Tiembla todo.
Caen quimeras,
máscaras, visiones.


## Angustia

Un torso derribado
frente al paisaje.
Alguien te llama.
No sabes…
Permanecemos invisibles.
Piensa
la angustia,
tú.

## Retrato

Lo intentas.
Vernos.
Sin vernos.
Y calcular la diferencia.


## Ojo

Cada vez que tropiezas
alguien muere.
Lo mismo.
El verso, el astro a punto de descender.
Cada ojo ve su propio eclipse.

**Prometeo**

Te preguntas
por lo que fuiste.
Un costado casi vacío.
Alguien te observa.
Pero respiras —y es suficiente—
como el fuego.


**Si acaba**

Ateísmo
o el tiempo reflejado.
Si acaba.
Si la belleza.
Si perdiste la memoria…
Caemos.
Aun sin saber.
Esa muerte.
O las otras muertes.
Y la libertad, la libertad
bajo sospecha.

**Cuervos**


En el espacio se dibujan las líneas.

Todo lo que se mueve.

Las sombras, ¡qué digo!, las alas negras

agitan la claridad.

Lo que antes fue espanto hoy es inspiración.

Continúan hablándome.

La danza y la geometría no se detienen.



**Techo**


Colocar un techo que cae, que siembra.

El del mundo.

## ¿Qué...?

¿Qué naufragio?

¿Qué libertad?

¿Qué realismo?

¿Qué obra?

¿Qué individuo?

¿Qué muerte bastante?


## Habitación

Sola, variable, la mancha se precipita.

Caen, también, mis párpados,

la oscuridad y tantos destellos.

**Sur**

Cuando el viento solo está y gira y nace y juega con el fin.

24

**Ruinas**

Tras una breve existencia,
la sombra que buscas parpadea.
Tras las ruinas ya no importa.
O no hay camino.
Por eso, el *déjà vu* es inminente.
Mortal por milagro.
Belleza por rendición.

## Heridas

Veremos qué sucede.
Lo que es una guerra.
En el bosque, entre las sombras,
no hay excusa:
huye después del desenlace.
Las heridas hablarán por ti
de política.


## Epitafio

¿A qué fin perteneces?

## Creencia

Cualquier ruta acaba iluminándose.

Por el abismo,

por lo que retrocede.

Significa un fuego liberado.

Y se transforma porque estás aquí.

La idea se precipita.

Los labios, la postura,

esa creencia al responder…

Pero el canto sigue su destino;

susurra y confunde.

Muy pocos lo admiten.

Lo sé, lo sé.

Duele la palabra en el costado.

De ahí el amor.

# LA INMANENCIA

I

¿Quién lo ve moverse y lastimarse? Espectáculo de plumas al girar sobre el mismo eje o sobre una misma isla... La luz concentra casi toda la inmanencia. Es dolor y placer. Cada atmósfera devuelve una porción del final.

✳

No me resulta extraño que la sed me hable. Las hojas, mecidas por el viento, se esconden. Sus llantos… Es la expresión lo que trasciende. Incluso el silencio; sus partes moribundas se rinden a la estrella. Rostro mío, rostro tuyo.

Un desierto antes de la comisura de los labios. Es que te recordaba mirando la línea del horizonte. Y sonreías al sol. Cada vez que recibías su malestar le devolvías otro sendero filosófico. Hay tantos mitos y tan poco futuro.

＊

Un hombre golpea a otro hombre. El segundo transmite su fe al primero. Acuerdan el intercambio. Belleza. Lo primitivo es más primitivo aún. Porque devoramos los restos. Si fueran alas…

Cuando las sienes explotan a cámara lenta, alguien sonríe. Lo lógico es la música. La quietud, después. Un golpe que no cesa y que crece con las palpitaciones.

✳

A pesar mío, agonizaban. No podía salvarlos. Y alguien describía el descenso de los proyectiles y cómo se suprimían las letras. Todos mudos. Para ti la carne, el trazo inconsciente y los besos.

Este suicidio en forma de hogar… Tu esqueleto, sobre mis hombros. El océano golpea las rocas. Solo te ruego que prolongues el destino. Lo que ves aquí yace en la orilla, intacto.

❋

Porque el contorno de los labios… Porque la vejez se palpa. Porque los aires negros renacen. Porque no alardean, se presienten. Por el círculo que simplifica lo urdido, el final, lo que tocaste en la primera luz nocturna.

Tiempo, jirones, danza de la muerte. No en el primer cántico. Es la ventaja que lastima el corazón. Así, el sueño que a menudo siembras.

✳

El pliegue de tu coraza forma un dibujo o un remordimiento. La hipocresía comprenderá. *Deus ex machina* lanzado a tus intestinos. Vomita y sálvate.

Yace lo oscuro con sus dientes temblorosos. Hecho un infinito me parto la espalda cabalgando sobre tu piel. La ventana se abre. Ladridos, ladridos. Después de esto no me quedará ni una gota de sangre.

✳

Está bien. En las profundidades te lo ofrecería. Dime, pues, si los comienzos llegarán a ser tan brutales. El amor y su contrario sobre mi última estrofa. Fiebre de la creación. Canibalismo.

Así cierro los ojos. Con lo inmoral y lo infinito bajo mis pies. Se multiplican las excusas. Lo material frente al desapego.

*

Te levantas agotado, sudoroso, débil. La atmósfera oprime. El mundo sabrá si se equivoca. Con frecuencia me cuentas sobre tu huida. Si es profundo, hacia el horror.

Cuerpo resplandeciente. Cuerpo último. Vagarás por ti, para ti, por lo tangible y lo perdido. Después de cualquier muerte, las identidades de una vida se expanden.

✳

Las entrañas fingen no estar ahí porque tienes una idea hueca de la existencia.

Extranjero de mí mismo. No es por pensar, sino por lo otro: padecer. Asesino de huracanes, modas… Habla, sincérate. Sé que el sueño… lo es.

*

Cansado, como alguien que remueve la tierra. He aprendido que descansa quien ha roto con las conexiones. El hogar no existe, la sociedad no existe, el país no existe; no, no existías.

El infinito encuentra siempre otra salida. Lo que toco es invisible. Algo responde a lo que fue o será. "Quédate", me dices con el rostro suave, la luz semioscura, antes de tu nacimiento.

# II

La eternidad está en la mano. Los dedos, las líneas, lo que significa el silencio. Vértebras rotas de quienes vencen, los temerosos de la historia. ¿Quién desea olvidarse de sí mismo antes?

*

Cuando celebro el principio y el fin, oculto los pormenores. Después levanto las alas. Describo el malestar, el vértigo. ¿Qué es una página en un mundo de revelaciones?

Un país ruidoso, con hambre, con rabia, aúlla. Es lo que dejas. Un estilo que se mantiene con la fe en la nada; esta fe de furia. Siguen cayendo los de ayer, los de hoy.

✳

En muchas ocasiones, se anteponen los deseos a las heridas. La belleza versus el golpe. Al descarrilar, es inevitable la voz que soy al final del camino o de cada palabra. El fuego rodea mi sombra, lo que fui.

Las explicaciones pueden ser diversas; el combate, único. En la lucha contra uno mismo solo apuesta la decadencia, la esperanza.


*


Conoce por lo que no te atreves a decir.

Hay alguien dentro de mí que disimula. No lo hace mal. Es simpático. Dulce y cruel como todas las distancias. Y disimula porque le interesan los finales: el fin de mí mismo distanciado del fin que seré.


＊


Es condición ver fuera, ver dentro. Estar vivo o desprenderse. Por cada pregunta un trazo, un fragmento que persigue un hogar.

Se resume en una línea. Algo que en sí mismo se reconoce. La fuente de todas las dudas descansa en sus harapos: brillan los suicidas con los destellos del fin.

*

Busco el espacio por lo que no es. La sustancia olvidada. Al descubrirte, bajo la luz, me miras ausente. Está en todas partes; la razón, no.

Si los días parecen eternos, ¿en qué instante llegaste a ser? Si cada distancia de ti sobre ti es como una galaxia, ¿dónde el lugar?, ¿dónde la espera?, ¿dónde tu lentitud?

*

Cabeza, tronco, brazos, dedos… Toda señal contiene su camino: un futuro de imágenes vertiginosas o la quietud que entierra sus puñales en el espíritu. La materia es una respuesta; el vacío, transición.

Huir después del tiempo, del espacio, de todas las energías, de las encrucijadas inexistentes.

*

Todo agujero posee su sombra. Toda herida contiene su poema, su escondite. Tanta fe en la psicosis.

Nos persiguen los días que abandonamos. Frágiles insignias del tiempo. Nos persiguen.

*

El sacrificio es siempre una oportunidad. Y la compañía de los deseos.

Mi silencio antes de callar. Dibujo entre dos voluntades. Poco me pertenezco. Hablo de tránsito, de escritura…

*

La luz incendia, duele, provoca. Arden las palabras por ella, solo por ella. Es como morir y a la muerte se lanzan.

**Roberto García de Mesa** es un poeta, dramaturgo, dramaturgista, director de teatro, narrador, ensayista, filólogo, comisario de exposiciones, creador escénico, artista visual y músico español. Es licenciado en Derecho y en Filología Hispánica, además de Doctor en Filología Hispánica. Tiene su propia compañía de teatro. Posee una extensa obra publicada de poesía, teatro, narrativa breve, ensayo, obra gráfica, conversaciones, ediciones críticas, además de varios cds con sus composiciones musicales. Textos suyos han sido traducidos a diversos idiomas: inglés, griego, rumano, francés, italiano, alemán, portugués y esloveno. Hasta la fecha, Buenos Aires Poetry ha publicado los siguientes títulos de García de Mesa: *Retórica. Superficie de contacto. Razón y canibalismo* (2020), *Sobre la naturaleza de la fragilidad* (2020), *La cima inversa* (2021), *Los cuerpos remotos* (2022), *Plomo. Cuaderno francés* (2023) y *Materia, oráculo* (2024).

2025
Impreso en Buenos Aires,
Buenos Aires Poetry
www.editorialbuenosairespoetry.com